↑ 재생 에너지 ↑
바람으로 전기를 만들어

Planet Earth Helpers: Renewable Energy by Harriet Brundle
Copyright©2021 Booklife Publishing
All rights reserved.
Korean translation copyright Pulbit Publishing Co. 2021
Korean translation rights are arranged with Booklife Publishing through B.K. Norton and AMO Agency.

이 책의 한국어판 저작권은 AMO에이전시를 통해 저작권자와 독점 계약한 도서출판 풀빛에 있습니다.
저작권법에 의해 한국 내에서 보호를 받는 저작물이므로 무단 전재와 무단 복제를 금합니다.

환경을 지키는 어린이

↑ 재생 에너지 ↑

바람으로 전기를 만들어

해리엇 브런들 글 | 이계순 옮김

차례

재생 에너지가 뭐예요? 6

화석 연료와 환경 오염 8

풍력 에너지 10

태양 에너지 14

수력 에너지 16

조력 에너지 18

바이오 연료 20

해결해야 할 문제 22

우리가 할 일 24

무슨 뜻일까요? 26

이렇게 밑줄이 그어진 단어의 뜻은 26쪽에 있어요.

재생 에너지가 뭐예요?

아무리 써도 없어지지 않을 자원에서 얻은 에너지를 재생 에너지라고 해요.
이런 자원에는 햇빛, 바람, 바닷물 같은 것이 있어요.

안녕! 나는 빛을 내는 전구야.

재생 에너지는 맑고 깨끗한 에너지예요. 지구를 오염시키지 않거든요. 그러니 가능하면 재생 에너지를 사용하는 게 좋아요.

빛을 내려면 에너지가 필요해.

화석 연료와 환경오염

우리가 사용하는 에너지는 대부분 화석 연료에서 나와요.
석탄, 석유, 천연가스 같은 것들이 화석 연료예요.
화석 연료는 땅속에 묻혀 있어요.

우리는 매일 에너지를 써.

화석 연료는 오랜 옛날에 살았던 동물과 식물이 땅에 파묻혀 만들어진 거예요.
하지만 그동안 너무 많이 써서 곧 다 떨어지고 말 거예요.
또한 화석 연료를 태우는 것은 환경 오염의 주된 원인이지요.

풍력 에너지

풍력 에너지는 바람을 이용하는 재생 에너지예요.
커다란 기둥에 날개가 세 개 달린 풍력 발전기가
바람을 에너지로 만들어요
풍력 발전기는 크기가 다양한데,
건물보다 더 큰 것도 있어요.

안녕! 나는 풍력 발전기야.

풍력 발전기는 바람이 많이 부는 곳에 세워요. 땅에 세울 수도 있고 바다에 세울 수도 있지요. 바다에 세운 풍력 발전기에서 만들어진 에너지를 해상 풍력 에너지라고 해요.

풍력 발전기가 한데 모여 있는 곳을
풍력 발전 단지라고 불러요.
풍력 발전기가 수백 개 모여 있는
풍력 발전 단지도 있어요.
환경에 맞게 필요한 만큼
풍력 발전기를 만드는 거예요.

나는 네가 빛을 내는 데
필요한 에너지를 만든단다!

네 덕분에
내가 빛을 낼 수
있는 거구나!

태양 에너지

우와, 태양 전지판 좀 봐!

태양에서 얻는 재생 에너지를 태양 에너지라고 해요.
태양 에너지는 <u>태양 전지판</u>을 이용해 전기로 바꿀 수 있어요.
태양 전지판은 햇빛을 많이 받을 수 있는 곳에 설치해요.

수력 에너지

수력 에너지는 가장 오래전부터 사용한 재생 에너지일 거예요.
강 같은 곳에서 물의 흐름을 이용해 에너지를 얻지요.

조력 에너지

조력 에너지란 밀물과 썰물에 의해 생기는 에너지예요. 밀물이 들어오고 썰물이 나갈 때, 그 바닷물의 흐름에서 에너지를 얻어 전기를 만들어요.

조력 에너지는 믿음직한 재생 에너지예요.
바람이나 햇빛의 상태는 가끔 예측하기 힘들지만,
밀물과 썰물은 언제나 일정하게 일어나기 때문이지요.

밀물과 썰물을 통틀어 조수라고 해.

밀물인가 봐! 자리를 옮기는 게 좋겠어.

바이오 연료

에너지를 얻기 위해 사용하는 물질을 연료라고 해요.
<u>바이오 연료</u>는 재생 가능한 연료로 흔히 식물에서 얻지요.

해결해야 할 문제

재생 에너지가 우리 지구에 더 좋기는 하지만 몇 가지 문제가 있어요. 해가 나지 않거나 바람이 불지 않으면, 태양 전지판과 풍력 발전기로 에너지를 만들어 낼 수 없지요.

에너지가 없으면 불을 켤 수 없어.

예전에는 이런 장비들을 설치하는 데 돈이 많이 들었어요.
하지만 최근 점점 적게 들고 있지요.
그러니 앞으로 재생 에너지를 더 많이 사용할 수 있게 될 거예요.

화석 연료를 쓰기보다 재생 에너지를 더 많이 만들어 사용해야 해.

우리가 할 일

주변 사람들이 재생 에너지를 선택하고 사용할 수 있도록 알려 주세요.
매일 사용하는 화석 연료의 양을 줄이기 위해 노력할 수도 있어요.

작은 실천이라도 에너지를 절약하는 데 도움이 돼.

자가용보다는 대중교통을 이용하고, 가까운 거리는 걷거나 자전거를 타요.
방에서 나올 때는 전등을 끄고, 쓰지 않는 플러그를 뽑아요.

무슨 뜻일까요?

밀물 18-19쪽
: 하루에 두 번, 바닷물이 밀려 들어와 수위가 높아지는 걸 말해요.

바이오 연료 20-21쪽
: 나무나 곡물, 해조류 등에서 얻는 연료를 말해요. 동물의 배설물에서도 얻을 수 있어요.

썰물 18-19쪽
: 하루에 두 번, 바닷물이 밀려 나가 수위가 낮아지는 걸 말해요.

에너지 6-8, 10-20, 22-25쪽
: 일을 할 수 있는 능력, 힘을 말해요.

오염 7-9, 15, 21쪽
: 더럽게 물드는 것을 말해요. 여기서는 인간의 활동으로 자연 환경이 손상되거나 더러워지는 현상을 말해요.

자원 6, 20쪽
: 금속이나 석탄, 나무처럼 우리 생활에 이용되는 여러 자연 물질을 말해요.

태양 전지판 14-15, 22쪽
: 태양광을 모아 전기로 사용할 수 있도록 만들어진 판이에요.

화석 연료 8-9, 21, 24쪽
: 오랜 옛날 지구에 살았던 생물들이 땅속에 묻혀 화석처럼 굳어져 오늘날 연료로 이용되는 물질을 말해요. 석탄이나 석유 같은 것들이에요.

환경을
지키는
어린이

↑ 재생에너지 ↑
바람으로 전기를 만들어

초판 1쇄 발행 2021년 12월 30일 | **초판 2쇄 발행** 2024년 6월 14일
글쓴이 해리엇 브런들 | **옮긴이** 이계순
펴낸이 홍석 | **이사** 홍성우
편집부장 이정은 | **편집** 조유진 | **디자인** 권영은·김영주 | **외주디자인** 방상호
마케팅 이송희·김민경 | **제작** 홍보람 | **관리** 최우리·정원경·조영행
펴낸곳 도서출판 풀빛 | **등록** 1979년 3월 6일 제2021-000055호 | **제조국** 대한민국 | **사용 연령** 5세 이상
주소 서울 강서구 양천로 583, 우림블루나인 비즈니스센터 A동 21층 2110호
전화 02-363-5995(영업), 02-362-8900(편집) | **팩스** 070-4275-0445
전자우편 kids@pulbit.co.kr | **홈페이지** www.pulbit.co.kr
블로그 blog.naver.com/pulbitbooks | **인스타그램** instagram.com/pulbitkids

ISBN 979-11-6172-435-5 74400
　　　979-11-6172-433-1(세트)

※책값은 뒤표지에 표시되어 있습니다.
※파본이나 잘못된 책은 구입하신 곳에서 바꿔드립니다.
※종이에 베이거나 긁히지 않도록 조심하세요. 책 모서리가 날카로우니 던지거나 떨어뜨리지 마세요.

이미지 출처
셔터스톡, 게티 이미지, 아이스톡포토
표지 VectorShow, Anatolir, p7 eHrach, p8 MSSA, Studio_G, Pro Symbols, p9 Anatolir, p11 NotionPic, p14 Elena3567, p15 matsabe, Elena3567, p16 1st Step, p17 VectorShow, alazur, p18 miniaria, graphic-line, Oleksandr Derevianko, p19 miniaria, Antonov Maxim, p20 Rvector, A Aleksii, p21 Irina Strelnikova

글쓴이 해리엇 브런들
영국 버밍엄 대학교를 졸업했습니다. <물질> 시리즈, <월드 이슈> 시리즈, <종교> 시리즈를 비롯한 수십 권의 어린이 교양 도서를 썼습니다.

옮긴이 이계순
서울대학교를 졸업했고, 인문사회부터 과학에 이르기까지 폭넓은 분야에 관심을 갖고 공부하는 것을 좋아합니다. 좋은 어린이·청소년 책을 우리말로 옮기는 일에 힘쓰고 있습니다. 옮긴 책으로 《캣보이》, 《1분 1시간 1일 나와 승리 사이》, 《말똥말똥 잠이 안 와》, 《지키지 말아야 할 비밀》, 《공룡 나라 친구들 시리즈(전11권)》 등이 있습니다.